रिश्तों की गहराइयां

Kavitaon Mein Basi Rishton Ki Mehakti
Duniya

Yogen Vaidya

Made with ❤ on the BookLeaf Publishing Platform
www.bookleafpub.in
www.bookleafpub.com

Dedication

यह किताब
उन सभी रिश्तों के नाम,
जो शब्दों की बंदिशों के बावजूद,
दिल से दिल तक सफर करते हैं..."

To the silences
that speak louder than words,
To the unspoken emotions
that form the soul of every bond,
To the ones who stayed,
and the ones who taught me what staying meant.

Preface

रिश्तों की गहराइयों में
उतरना एक ऐसा सफर है,
जहाँ कभी बेपनाह ख़ुशियाँ
दामन भर लेती हैं,
तो कभी बेपनाह दर्द
रूह तक उतर जाता है।
फिर भी, यही सफर
हमें इंसानी जज़्बातों की
सबसे ख़ूबसूरत
तहरीरें सौंपता है..."

This book is a collection of emotions that have lingered in my heart for years—some whispered to me by life, others carved in the quiet corners of my soul. These poems are not merely written—they're felt, lived, and cherished.

Every verse in this book is a mirror to a moment, a relationship, a sigh, or a smile. I invite you to read them not just with your eyes, but with your heart—because somewhere between the words and the whitespace, you might find a piece of your own story too.

Acknowledgements

Writing this book has been a journey of reflection, release, and rediscovery. I am deeply grateful to:

The Almighty God for gifting me such imagery which helped feel the roots of every emotions I've ever penned. My Guru who taught me lessons on gratitude, pure love and selfless relationships. My wife Vandana, for being the inspiration and my strength. My family who remained continuous motivation for me to pursue my dreams irrespective of my nuisance and random schedules and endless odd timed demands.

An unnamed special imagery friend, who gave the muses, those fleeting moments, immersive experiences, and beautiful memories that helped generate the flawless verses.

My close friends and colleagues, who saw poetry in my pauses and encouraged me to give my thoughts a voice.

Every reader, who finds resonance in these words and carries them forward in their own silent ways.
And lastly, to life—thank you for the tears, the laughter, and the stillness between the two.

यह किताब
उन सभी पलकों के नाम है,
जो अनकहे
अहसासों और ख़ामोशी में बसी हैं।
उन एहसासों के नाम,
जिन्होंने मुझे शब्दों में ढालने का साहस दिया।
उन रिश्तों के नाम,
जो हर दिन मुझे लिखने के लिए प्रेरित करते हैं।
धन्यवाद उन सभी क्षणों का,
जिन्होंने मेरी कविता को जन्म दिया।
और उन पाठकों के नाम,
जो भावनाओं और पलों की गहराई में डूबकर
इन शब्दों को अपना बनाते हैं।

1. कल्पना

तुझे मेरी कल्पना कहूं,
ख़्वाब कहूं,
या कहूं एक परीकथा।

क्योंकि मेरी कल्पना में,
तू सदा रहे साथ,
ऐसा कोई पल नहीं,
जब तेरा एहसास नहीं।

मेरी हर सोच में तू है,
मेरी हर बात में तू है,
दिल के हर कोने में बसी,
मेरी हर सांस में तू है।

एक एहसास, एक रोशनी,
मेरी ज़िंदगी की शान है तू।
कल्पना के हर अक्षर में,
मेरी खुद की पहचान है तू।

2. ये चेहरे का निखार

ये चेहरे का निखार, और ये गुलें गुलजार,
ये कोमल दुलार, और ये मायावी श्रृंगार

ये बालों का झुकाव, और ये घनी छांव,
ये संवेदनाओ का छुपाव, और ये नज़रों में भाव,

ये हल्की सी शरम, और ये जादुई भरम,
ये झखमो पे मरहम, और ये बहेकते कदम,

ये प्यारी सी मुस्कान, और ये फूलों का बागान,
ये मचलते अरमान, और ये महकता आसमान।

3. तू तो... केवल मेरे लिए बनी है

तू तो... केवल मेरे लिए बनी है...
तेरे होने से ही... मेरी दुनिया बसी है।

तेरी मुस्कराहट से ही...
मेरी साँसें चलती हैं...

तेरी हँसी की खनक में...
मेरी ज़िंदगी की धड़कनें बसती हैं...

तुझे ऐसे ही... झूमते, गाते देख,
दिल को सुकून और चैन मिलता है...

तेरा होना ही... मेरे लिए सौगात है...
तेरा आना ही... महफ़िल की जान है...

तेरा यूँ...
तितलियों के साथ खेलना...
हवाओं से बातें करना...
बादलों में गुम हो जाना...
घंटों तक... चाँद को तकते रहना...

मुझे अच्छा लगता है...

जी चाहे...
हर पल... हर घड़ी... हर क्षण...
बस तू और मैं हों...
और कोई नहीं...

कोई दूरियाँ नहीं...
कोई विक्षेप नहीं...
कोई बंधन नहीं...

सिर्फ...
आज़ादी में बंधा... एक ख़ूबसूरत इश्क़...

4. ज़र्रे-ज़र्रे में तेरा नाम

ज़र्रे-ज़र्रे में तेरा नाम,
हर फ़िज़ा गाए बस तेरा ही गान,
राहें राहें सिर्फ तुझे ही पुकारें,
हर पत्ता दीवाना होकर तुझे ही पाए।

दिल के कोने में बस तू बसा,
हर ख़याल में सिर्फ तेरा नशा,
पल-पल तुझसे ही रोशन हूँ मैं,
तू जो नज़रों में, तो ख़ुद में गुम हूँ मैं।

हर सांस में तू है,
हर नज़र में तू है,
हर पल में तू है,
हर साज़ में तू है।

सिर्फ तू है,
सिर्फ तू है,
मेरी मंज़िल, मेरी राह,
मेरी इबादत सिर्फ तू है।

दिल चाहे सब कुछ भुला के,
सिर्फ तुझे पाए,
तेरे क़दमों में ही जीना,
तेरे ही रंग में खो जाए।

मेरा जुनून भी तू,
मेरा सुकून भी तू,
हर मोड़ पे मिल जाए,
बस तू ही तू।

मैं हूँ राह, तू है सफ़र,
तेरे बिना क्या है मेरी डगर,
तू मिले तो हूँ मैं पूरा,
ना हो तू तो सब है अधूरा।

5. सुबह की ताज़गी

तुझे कहूँ
सुबह की ताज़गी
या शाम की मदहोशी,
महक उठे मेरा नूर,
मैं पाऊँ
तेरी सुरूर की रोशनी।

तेरी यादों की वो खुशबू
छू ले हर एक
ज़ख्म-ओ-ग़म,
तेरे इश्क़ में खो जाऊँ,
मिले सुकून
हर धड़कन में।

6. ख़ुशबू

जब तू अपनी ख़ुशबू में महकती है,
दुनिया की नक़ल से दूर बहकती है,
तब लगती है सबसे जुदा, सबसे प्यारी,
जैसे अल्फ़ाज़ों में ढली कोई तसवीर नज़ारी।

तेरी वो बेपरवाह मुस्कान का नूर,
तेरे एहसासों की बारिश भरपूर,
रहने दे इन्हें बस यूँही खुल के बहने,
ना जाने कितने दिल तुझसे हैं कहने —
'तू ठहराव सी लगती है, तू सुकून सी लगती है।'

तेरी वो अदा हो गए हम तो फिदा,
मिल गई हमें तेरी सुनहरी ज़ुल्फ़ों की पनाह,
जैसे मिल जाए एक भटके मुसाफ़िर को अपनी मंज़िल,
ना जाने कहां भटक रहा था मैं कहीं,
तू ही मेरी जमिन, तू ही मेरा आसमान।

7. बच्चे की नज़र

ज़रा एक बच्चे की नज़र से
दुनिया देख के तो देखो
कितनी मासूम और ज़िंदादिल है ये

देखो ये खेत-खलिहान,
ये झरने, ये खेल का मैदान,
ये तितलियाँ और ये उड़ान,
साथ में परिंदों का आसमान

पेड़ों की बात करते हैं,
हवाएँ गीत सुनाती हैं,
बादल ख़्वाब दिखाते हैं,
बारिश में सब भीग जाते हैं

गुड़िया की छोटी दुनिया में,
एक राजा और एक परी,
रंग-बिरंगे सपनों में,
सब बातें होती हैं सच्ची

मिट्टी से बन जाए महल,

कागज़ की कश्ती हो सफ़र,
हर कोना एक छोटी सी कहानी,
जिसमें हो ख़ुशी का असर

तो ज़रा एक बच्चे की नज़र से
दुनिया देख के तो देखो,
शायद तुम भी मुस्कुरा दो,
और ज़िंदगी से प्यार हो जाए दोबारा...

8. तेरे साथ का असर

तेरे साथ चलूं तो वक़्त थम जाए,
हर लम्हा तेरे नाम की धुन गुनगुनाए।

तेरी ख़ामोशी भी कुछ कह जाती है,
जैसे चाँदनी रातें दिल को बहलाती हैं।

तेरे बिना जो अधूरी सी लगती थी राहें,
तेरे आने से वो खुद ही सँवर जाएँ।

नज़रों में तेरी जो सपना सा बसे,
वो हक़ीक़त बन जाए, हर रोज़ वैसे।

तू मिले यूँ ही हर मोड़ पर ज़िंदगी के,
जैसे बरसात में भीगती कोई सुबहें।

तेरे एहसास से जो सुकून मिले,
वो ताउम्र साथ चले, हर पल खिले।

9. तुम कौन हो

तुम कौन हो

तुम मेरे दोस्त नहीं
पर कोई फ़रिश्ते से कम नहीं

तुम कौन हो

तुम मेरे साथी नहीं
पर तेरे साथ के बिना बात नहीं

तुम कौन हो

तुम मेरे यार नहीं
पर तेरी यारियों के क़िस्से कम नहीं

तुम कौन हो

तुम मेरे रिश्तेदार नहीं
पर ये रिश्ता कोई दिव्य रिश्ते से कम नहीं

तुम कौन हो

तुम मेरे कुछ भी नहीं
पर लगता ये है कि तुम बिन कुछ भी नहीं

10. पावन रिश्ता

पावन रिश्ता
ये मेरा और तेरा,

कोई ख़्वाहिश नहीं,
कोई रंजिश नहीं,
कोई कशीश नहीं,
है तो बस केवल पावन रिश्ता।

पावन रिश्ता,
ये मेरा और तेरा,

कोई गिले-शिकवे नहीं,
कोई शरारतें नहीं,
कोई रुख़सतें नहीं,
है तो बस केवल पावन रिश्ता।

पावन रिश्ता,
ये मेरा और तेरा,

कोई ख़ुदगर्ज़ी नहीं,

कोई दीवानगी नहीं,
कोई बेपरवाही नहीं,
है तो बस केवल पावन रिश्ता।

पावन रिश्ता,
ये मेरा और तेरा।

11. रिश्तों की गहराइयाँ,

ये रिश्तों की गहराइयाँ,
जानो तो लगे अपनापन,
और, न जानो तो लगे छीछोरापन।

ये रिश्तों की गहराइयाँ,
जानो तो छू लो समंदर की अमीक़त को,
और, न जानो तो डुबा दे अपनी कश्त को।

ये रिश्तों की गहराइयाँ,
जानो तो यकीन दे उसके होने का,
और, न जानो तो अभिसाप लगे खुद के होने का।

ये रिश्तों की गहराइयाँ,
जानो तो बरसों कम लगे उनके साथ बिताने के लिए,
और, न जानो तो, दो पल भी मुश्किल लगे काटने के लिए।

ये रिश्तों की गहराइयाँ।

12. छल

छल

क्या तू सच में है,
या मेरा कोई भ्रम है?
क्या तेरा प्यार सच्चा है,
या बस एक छल है?

तेरी बातें देती हैं भरोसा,
जिंदा रहने की एक वजह।
तो क्या हुआ, मैं जानता हूँ,
ये सब एक छल है।

तेरा प्यार नहीं, बस दिखावा है,
क्या तुझे सच में परवाह है?
तू इतनी खुदगर्ज़ क्यों है,
पर मैं तुझसा नहीं हूँ।

मैं तुमसे इतना प्यार करूँगा,
ज़िंदगी भर करूँगा।

हर जनम, हर घडी, हर पल, हर साँस में,
मैं तुमसे ही प्यार करूँगा।

आसमान से भी ऊँचा,
समंदर से भी गहरा।
चाँद से भी शीतल,
सूरज से भी प्रखर।

मैं प्यार करूँगा,
इतना करूँगा, इतना करूँगा...
कि एक दिन तु खुद कह कह उठे गी
"बस कर, बस कर अब!
इतना मुझसे प्यार न कर,
कि मैं खुद से नफरत करने लगूँ!"

पर मैं रुकूँगा नहीं,
ना तेरी सिसकियों से,
ना तेरी बेरुखी से।

क्योंकि मेरा प्यार ही
मेरे लिए इबादत है,
और इबादत से
कभी कोई पीछे नहीं हटता|

13. ये लो, मैं आ गई!

ये लो, मैं आ गई!
तेरे इक इशारे पर,
सब कुछ छोड़-छाड़ कर,
दुनिया को पीछे रखकर,
सिर्फ तेरा होने को...
मैं आ गई!

आ गई मैं, एक होने को,
जैसे नदी सागर में समाए,
मैं तुझमें खो जाऊं,
खुद को भी भुला जाऊं!

ना दुनिया की परवाह,
ना शिकवा, ना शिकायत,
बस चाहिए तेरा साथ,
तेरा प्यार, तेरा स्नेह!

फिर फर्क नहीं पड़ता—
दिन हो या रात,
सवेरा हो या शाम,

शहर हो या गांव,
पूर्णिमा हो या अमावस,
अमीर हो या रंक!

मुझे बस तू चाहिए!
तेरी बातें मेरे लिए संगीत,
तेरे प्यार से चलती मेरी सांसें,
तेरा दीदार मेरा दर्शन,
तेरा साथ मेरा त्योहार!

तेरे हाथों से मिटे भूख-प्यास,
तेरी आंखों में मिले सुकून,
तेरी खुशबू महकाए समा...

मैं आ गई!
मैं आ गई!

14. रिश्तों का सौदागर

मैं रिश्तों का सौदागर नहीं,
मैं तो प्यार का जादूगर हूँ।

प्यार में जादू है,
ये दिन में चाँद दिखाता है,
और रातों में रोशनी लुटाता है।
साजन हों चाहे कितने भी दूर,
दिल के क़रीब रखे ये नूर।"

मैं रिश्तों का सौदागर नहीं,
मैं तो इश्क़-विश्क़ का कारीगर हूँ।

इश्क़ करना मेरी कला है,
यही तो मेरी दुआ है।
हर पत्थर में
तेरी सूरत पाऊँ,
हर मूरत में
तेरा नाम सजाऊँ।"

मैं रिश्तों का सौदागर नहीं,

मैं तो इस दिल का बाज़ीगर हूँ।

हर बाज़ी बस तेरे लिए,
मैं ही तेरा गुलाम,
और मैं ही तेरा बादशाह।
हर खेल में,
इस दिल की रानी है तू,
हुक्म की तिरंगी है तू।

"ना सौदा, ना मोल-भाव,
बस दिल की किताब में नाम तेरा,
मैं रिश्तों का सौदागर नहीं..."

15. जाने भी दो... Let it go!

जाने भी दो... Let it go!

कब तक
यूँ जज़्बातों को
एक संदूक में क़ैद रखोगे?
कब तक
यूँ ख़ुद को तन्हाई के साये में रखोगे?
कब तक
यूँ बोझ बनकर आहें भरोगे?
कब तक
यूँ अपनी निगाहों में नमी रखोगे?

खोल दो...
अपनी बाहें, अपनी निगाहें,
अपनी धड़कनों की सदाएं।
भर लो सांसों में नई बयार,
चुरा लो ख़ुशियों का हक़दार।

ये दुनिया उतनी बेरहम नहीं,
जितनी तस्वीरें तुमने बुन ली कहीं।

इस गुलशन में तुम्हारे लिए भी बहार है,
रब ने भी रखी कुछ सौगातें तैयार हैं।

हर दर्द को बह जाने दो,
हर ग़म को धुंधला पड़ जाने दो।
जो बीत गया, उसे बीतने दो,
ज़िंदगी को अब खिलने दो!

बस वो लम्हे आने को हैं,
तुम्हारी दहलीज़ पर दस्तक देने को हैं।
सब्र रखो, मंज़िल अब दूर नहीं,
ख़्वाबों की रहगुज़र मुड़ने को सही।
आने भी दो... Let it come!

16. थोड़ा सा

थोड़ा सा

थोड़ा सा जी लो ज़रा,
थोड़ा सा हँस लो ज़रा।

कभी थोड़ी सी खुशियाँ,
तो कभी थोड़ी सी सिसकियाँ,
यही तो है जीवन का किस्सा,
कभी कम तो कभी ज़्यादा हिस्सा।

थोड़ा सा तेरे सपनों का मकान,
तो कभी थोड़ा सा लोगों का बिकता ईमान,
जीवन का यही संघर्ष है,
चलते रहना ही उत्कर्ष है।

करना है तुझे खुद को थोड़ा सा आबाद,
और ना कर पाए तो मत समझना तू थोड़ा बर्बाद,
फिर से कर कोशिश, बुलंद कर हौसला,
अब जीत और तेरे बीच नहीं है उतना फ़ासला।

थोड़ा सा जी लो ज़रा,
थोड़ा सा हँस लो ज़रा।
26

थोड़ा-थोड़ा जोड़कर बनती है तस्वीर,
थोड़ा जीया तो समझो जी ली तक़दीर!"

17. मृगतृष्णा

ये तेरा प्यार है मृगतृष्णा सा,
पल में पास, पल में ओझल।
ये तेरा प्यार है चंद्रमा का खेल,
कभी पूनम की फुहार,
तो कभी अमावस्या की चीत्कार।

कभी छू लूँ तो रेत सा बिखर जाए,
कभी साए सा संग नज़र आए।
कभी मीठी सौगात लगे,
कभी दर्द की बरसात लगे।

18. कैसे कहूँ ये बात

कैसे कहूँ ये बात,
कि तेरे बिना जी नहीं सकता।
कैसे कहूँ ये जज़्बात,
कि तुझ बिन कुछ भी नहीं लगता।

लब लड़खड़ाएँ, दिल घबराए,
झुबा अधूरी रह जाएँ।
कविता लिखी हैं तेरे लिए,
पर कहने से कतराए।

इसीलिए मैं अपनी बात,
सारी दुनिया को सुनाता हूँ।
शायद तू एक दिन समझ सके,
शायद मेरा प्यार तुझ तक पहोच पाए।

मुझे इनकार से डर नहीं,
मुझे इनकार का यक़ीन है।
मैं तो बस अपनी कल्पना में,
तेरी छवि का सुकून हूँ।

ना इज़हार की गुंजाइश,
ना इकरार की ख्वाहिश।
ना इनकार का डर,
ना इंतहा का सफर।

मेरी कल्पना में सिर्फ़ मैं और तुम,
न कोई सबेरा, न कोई शाम।
तू ही मेरा राम बना है,
तू ही मेरा श्याम।

19. क्या यह इश्क़ नहीं?

क्या यह इश्क़ नहीं?

यह इश्क़ नहीं तो क्या है,
चारों प्रहर, सुबह और शाम,
सिर्फ़ तेरा ही ख़याल,
तेरा ही नाम,
और तेरा ही पैग़ाम।

हर बात तुझसे क़ायम करने वाली,
हर मंज़िल तुझ तक पहुँचने वाली,
हर आरज़ू तुझको ही महसूस करने वाली,
हर इबादत तुझको ही पाने वाली।

हर लफ़्ज़ पर तेरा ही नाम का फ़लक,
हर चीज़ में बस तेरी ही झलक,
हर ख़ुशी में तेरी ही रंगत,
हर ख़्वाहिश में तेरी ही मन्नत।

यही तो इश्क़ है, "बल्लू",
यही तो है रहेम आसमानी,

यही तो है सुनहरी रोशनी,
यही तो है प्यार नूरानी।

यह इश्क़ नहीं तो क्या है?
चारों दिशाएँ तेरा पता पूछें,
हर फ़िज़ा तेरा सुर गुनगुनाए,
बस तू ही तू, बस तू ही तू,
दिल की हर धड़कन तेरा नाम दोहराए।

20. स्वयं से प्रेम

स्वयं से प्रेम करना,
एक उजली भोर सा है।
जहाँ मन की धूप खिलती है,
और हर अँधेरा हार जाता है।

हर आँसू को मोती समझो,
हर दुख को एक सीख मानो।
अपने होने की पहचान में,
हर क्षण को संगीत जानो।

आईना जब भी देखो,
मुस्कान का दीप जलाना।
खुद से तुम जो प्रेम करोगे,
संसार भी संग मुस्काएगा।

स्व-प्रेम ही शक्ति है,
स्व-स्वीकृति ही ज्योति है,
स्वयं-आराधना ही भक्ति है
आत्म-सम्मान ही उन्नति है।

21. ये मुमकिन नहीं...

ये तू भी जानती है,
ये मैं भी जानता हूँ,
तेरा और मेरा मिलन,
ये मुमकिन नहीं...

तो क्या हुआ
हवाओं में केवल
तेरी खुशबू रहती है,
और मेरी धड़कनों में,
केवल तेरी धुन सी बजती है...

तो क्या हुआ
मेरे दिल के हर हिस्से में बस तू है,
हर धड़कन की साजिश में बस तू है,
मेरा हर कदम तेरी ओर बढ़ता है,
हर ख्वाब तुझसे जुड़ता है।

और अगर ये सच है,
तो मेरी भी सुन ले—

तो क्या हुआ
मैं सजती-संवरती हूँ सिर्फ तेरे लिए,
हर बंधन तोड़ा है मैंने तेरे लिए।
हर रिश्ता छोड़ा,
हर रस्म से किनारा किया तेरे लिए
मैं जन्मी ही हूँ सिर्फ तेरे लिए!

पूर्णिमा का चाँद भी आज,
पूरा होकर भी अधूरा है,
समंदर भी आज प्यासा है,
आसमान के रंग भी आज फीके हैं,
हवाओं में भी रूखी-सूखी सी उदासी है...

मगर ये सब कब तक?
चाँद फिर से खिलेगा,
समंदर फिर लहराएगा,
आसमान फिर रंगों से सजेगा,
हवाएँ फिर से खुशबू लाएँगी...

क्योंकि जो प्यार इतना गहरा है,
वो कभी अधूरा नहीं रह सकता!
आज नहीं सही,
कल सही,
मिलन होगा,
ज़रूर होगा!

22. बड़ी प्यारी लगती है

तू जब अपने गालों से खेलती है,
बड़ी प्यारी लगती है,
जैसे बादलों संग झूमता सावन है,
तेरे हर अक्स में बसता जादू,
जैसे पवन में घुली मीठी सरगम है।

तू जब अपने बालों को सजाती है,
हर लम्हा और निखर जाता है,
जैसे तारों के बीच दमकता चाँद है,
तेरी हर अदा की बात निराली,
जैसे खुदा ने लिखा ये कोई फरमान है।

तू जब देर से आकर भी महफ़िल सजाती है,
हर दिल में मुस्कान जगाती है,
जैसे ख़ुशबू से महकता गुलशन है,
तेरी मौजूदगी का असर ऐसा,
जैसे वीराने में आ गई बहारें हैं।

तू जब नजरें झुकाकर मुस्कुराती है,
दिल की हर धड़कन बढ़ जाती है,

जैसे सन्नाटे में गूँजती कोई धुन है,
तेरी हँसी की मिठास भी ऐसी,
जैसे बरसात में बिखरती चाँदनी है।

तू जो है, बस वही सबसे खास है,
तेरे बिना हर पल उदास है,
जैसे चाँद बिना रात अधूरी है,
वैसे ही तू हर खुशी की तस्वीर है।

23. लड़खड़ाते रिश्ते

क्यों तू ऐसे लड़खड़ाते रिश्ते को संभाले हुए है,
वक़्त मुक़र्रर कर, और बहा दे पानी के जैसे।

कभी समंदर सा ठहर, कभी दरिया सा बह,
जो संग न टिके, उसे छोड़ दे लहरों के जैसे।

ज़िंदगी तो इक मुसाफिर की राहों का नाम है,
कभी धूप, कभी छाँव, कभी सहर, कभी शाम के जैसे।

जो मिला, उसे मुस्कान बना दिल में रख,
जो छूटा, उसे दुआओं में बहादे जैसे।

समेट ले तू अपने हिस्से की खुशी,
भर ले नयनों में इतना सुकून,
कि कोई भी ग़म उसे छू न पाए,
तेरी हँसी की लौ हर दर्द को राख कर जाए जैसे।

24. तेरी याद आती है

तेरी याद आती है,
जब-जब उस गली से गुज़रता हूँ,
जहाँ हमने मिलकर,
हँसी के अफसाने सजाए थे।

तेरी हरकतें,
तेरी बातें,
तेरी शरारतें,
आज भी दिल में हलचल मचाए हैं।

हर लम्हा फिर से जी लेता हूँ,
तेरी परछाई में खो जाता हूँ,
जब-जब उस गली से गुज़रता हूँ।